Bettina Burghof

Glückomin

Vitamine für die Seele

Wirkstoff: Zuversicht, gute Gedanken und Gelassenheit

Darreichungsform: Originalpackung mit 36 Tipps, das Leben glücklicher zu gestalten

Pattloch

Gebrauchsinformation

Liebe Leserin, lieber Leser,
bitte lesen Sie die folgende Gebrauchsinformation sorgfältig durch. Bei Fragen wenden Sie sich bitte an Ihre beste Freundin bzw. Ihren besten Freund.

Anwendungsgebiet
Zur stimmungsaufhellenden Therapie bei schlechter Laune und chronischer Unzufriedenheit. Mit der Anwendung von Glückomin lässt sich das natürliche Streben des Menschen nach Glück unterstützen.

Ursache
Negative Schlagzeilen und notorische Schwarzmaler versuchen uns einzureden, dass das Leben kein Zuckerschlecken, sondern mühselig und schwer ist. Glückomin packt das Problem an der Wurzel, indem es

uns in der Überzeugung stärkt, dass Glück eine Sache der inneren Einstellung ist und nicht von äußeren Umständen abhängt. Und: dass man Glücklichsein lernen kann.

Gegenanzeigen
Sie dürfen Glückomin nicht anwenden bei bekannter Überempfindlichkeit gegen Glückshormone.

Dosierung
Bei Bedarf mehrmals täglich lesen

Anwendung
Für eine Rundum-glücklich-Kur von 36 Tagen empfehlen wir, täglich einen Tipp zu lesen und zu beherzigen. Sie können sich aber auch Ihren eigenen Glückscocktail zusammenstellen und diejenigen Tipps befolgen, die Ihrer Seele gerade besonders gut tun.

Überdosierung
Vergiftungserscheinungen wurden bei Überdosierung von Glückomin bisher nicht beobachtet. Es sind kurzzeitige Anfälle von Euphorie berichtet worden, die jedoch die positive Wirkung von Glückomin nur unterstreichen.

Nebenwirkungen
Die Wirkung von Glückomin ist hochgradig ansteckend. Es könnte sein, dass sich Ihre Mitmenschen von Ihrer guten Laune und Ihrem Optimismus mitreißen lassen.

Glücksfänger

Das Glück ist flüchtig, nie können wir es endgültig an uns binden. Aber wir können etwas dafür tun, dass es sich immer wieder gerne für eine Weile bei uns niederlässt. Es geht hier nicht um das „Glück“ im Sinne von Zufall, Schicksal – wie etwa ein Lottogewinn, auf den wir keinen Einfluss haben –, sondern vielmehr ums „Glücklichsein“.
Um dieses herrliche Gefühl, wenn wir die ganze Welt umarmen könnten, wenn wir uns rundum wohl, frei und leicht fühlen.

Programmiert auf Glück

Positives Denken kann man lernen. Indem man sich ganz bewusst mit freundlichen Dingen umgibt und die Nähe zu optimistisch gestimmten Menschen sucht. Am Anfang sind die guten Gedanken nur seltene Gäste, aber mit der Zeit werden sie sich immer mehr ins Bewusstsein brennen.

Glück

Carpe diem – nutze den Tag!

Heute ist der Tag, um glücklich zu sein! Nicht erst nächste Woche, nächsten Monat, nächstes Jahr, wenn diese und jene Voraussetzung erfüllt ist. Wer immer nur für die Zukunft lebt, verpasst die vielen kleinen Glücksmomente, die sich jedem auftun, der offen dafür ist.
Was kann ich heute tun, um mich und andere glücklich zu machen?

Carpe diem

Ein Lächeln verzaubert die Welt

Beobachten Sie sich einmal insgeheim: Was haben Sie im Moment für einen Gesichtsausdruck? Grimmig oder freundlich? Und die Körperhaltung? Schlaff oder aufrecht? Eine positive Ausstrahlung verfehlt selten ihre Wirkung bei den Mitmenschen. Öfter mal die eigene Haltung überprüfen! Und: Lächeln nicht vergessen!

Kreativ sein

Kennen Sie das? Wenn man plötzlich übersprudelt vor Ideen und einem wie aus dem Nichts Dinge einfallen, die man nicht in sich vermutet hätte? Schöpferisch tätig zu sein ist eine der größten Glücksquellen, die wir haben. Jeder hat kreative Talente auf irgendeinem Gebiet, nur sind wir aus der Übung und müssen sie erst wieder aktivieren – am besten in entspannter Atmosphäre und in Gemeinschaft mit Gleichgesinnten.

Freundschaften pflegen

Ja, eigentlich würde ich gerne wissen, wie es der besten Studienfreundin von damals geht. Nur: Irgendwie finde ich nie die Zeit, mal wieder anzurufen. Und: Warum lässt die nicht mal was von sich hören? Gerade in Stresszeiten und wenn es uns nicht besonders gut geht, tendieren wir dazu, Freundschaften zu vernachlässigen und uns zu Hause zu vergraben – obwohl sie uns gerade dann besonders gut täten. Guter Vorsatz: In dieser Woche rufe ich XY an und lade sie ein.

Freundschaften

Neues ausprobieren

Wenn der Alltag zur Routine wird, brauchen wir etwas, was die Nerven kitzelt, was uns herausfordert. Was neue Farbe in unser Leben bringt. Das kann buchstäblich das knallrote Kleid sein, das ich mich jetzt endlich zu tragen traue, oder ein neues Hobby. Oder: etwas essen, was man noch nie gegessen hat, klassische Musik hören, die man bisher verschmäht hat, einen bisher unbekannten Winkel meiner Stadt erkunden etc.

Anderen eine Freude bereiten

Der Mensch ist nicht so eigennützig, wie ihm gerne unterstellt wird. Die Wahrheit ist: für andere da zu sein, macht richtig glücklich. Und da muss man auch gar nicht erst warten, bis man um etwas gebeten wird. Es muss auch nichts Großes sein. Schon der ohne Anlass mitgebrachte Strauß Blumen – einfach nur so – wird große Begeisterung und eine Extraportion Glücksgefühle hervorrufen.

Wunschzettel für die Seele

Nehmen Sie sich einen Stift, ein Blatt Papier und zehn Minuten Zeit. Schreiben Sie alles auf, was Sie glücklich macht, was Ihnen gut tut, womit Sie sich am liebsten belohnen. Die Liste darf richtig schön lang werden. Und dann verpflichten Sie sich mit Ihrer Unterschrift ganz unten auf dem Blatt, jeden Tag einen Punkt dieser Liste wahr werden zu lassen. Jeden Tag, ohne Ausnahme ...

Positiv Denken

Man kann nicht nicht denken. So sehr wir uns auch anstrengen, irgendwelche Gedanken gehen uns immer durch den Kopf. Was wir aber beeinflussen können, ist die Qualität unserer Gedanken. Wenn das ständige Wälzen von Problemen überhand nimmt, muss man versuchen, ihnen Positives entgegenzusetzen. Indem man zum Beispiel Zitate mit positivem Inhalt gut sichtbar an die Wand hängt oder die Unterhaltung mit optimistisch eingestellten Menschen sucht.

positiv

Wohin mit den schlechten Gefühlen?

Negative Gefühle lassen sich nicht einfach ausradieren, dazu sind sie meist zu stark. Man kann aber versuchen, sie Stück für Stück durch gute zu ersetzen. Indem man sich etwas gönnt, was einem besonders gut tut. Das lenkt ab. Und indem man die schlechten Gefühle aufschreibt und versucht, sie auf diese Weise aus dem Kopf auf ein Stück Papier zu befördern, das man anschließend wegwirft. Solange wiederholen, bis es wirkt!

In der Ruhe liegt die Kraft

„Wenn du es eilig hast, gehe langsam“, heißt ein bekanntes chinesisches Sprichwort. Planen Sie in Ihrem Tagesablauf Ruhepausen ein, mögen sie auch noch so kurz sein. Aber diese wenigen Minuten müssen Ihnen heilig sein. Zeitoasen, auf die Sie sich schon freuen können, wenn Sie gerade im Stress sind. Stören verboten! Zelebrieren Sie diese kleinen Momente des Glücks, indem Sie sie so schön wie möglich gestalten.

Nahrung für die Seele

Kennen Sie die nächste Tankstelle, um Ihre Energiedepots wieder aufzufüllen? Wo Sie Inspiration und Motivation erhalten? Wo guter Rat nicht teuer ist? Wo man von Herzen lachen kann und beste Unterhaltung erfährt? Oder wo man einfach mal in fremde Welten abtauchen darf, um nach einigen Stunden erfrischt ins Leben zurückzukehren? Richtig: Diese nie versiegende Energiequelle sprudelt zwischen zwei Buchdeckeln und Nachschub gibt's in der Buchhandlung um die Ecke.

Glück ist gute Gesundheit ...

... und ein schlechtes Gedächtnis." Diese Weisheit verdanken wir Albert Schweitzer. Wahre Lebenskünstler verstehen sich darauf, vor allem die schönen Erlebnisse im Gedächtnis zu bewahren. Vergangene Enttäuschungen und Verletzungen tragen sie nicht bis in alle Ewigkeit mit sich, sondern versuchen im Hier und Jetzt ihr Glück zu finden.

Gesundheit

Was wäre, wenn ...?

Was ist schlimmer als die Realität? Unsere Fantasie! Meist haben wir mehr Angst davor, was eventuell, unter diesen und jenen Umständen, vielleicht passieren könnte, als vor dem, was tatsächlich ist. Da laufen die wüstesten Horrorszenarien vor unserem inneren Auge ab. Aber mal ehrlich: Wie viel davon ist in Ihrem Leben bisher tatsächlich eingetroffen? Sorgen kann man sich später immer noch, man muss es nicht schon vorbeugend tun!

Dem Glück vorauslaufen

Bewegung macht glücklich – vor allem Jogger können dies bestätigen. Ja, sie macht geradezu süchtig, denn die Anstrengung wird mit einer ordentlichen Portion Glückshormone belohnt.
Wer Joggen nicht mag, steigt aufs Fahrrad, besucht einen Yogakurs, geht schwimmen etc.
Wer erstmal seinen inneren Schweinehund überwunden hat und sich eine gewisse Grundkondition aufgebaut hat, wird von der Glücksdroge Sport nicht mehr loskommen ...

In sich selbst ruhen

Schließen Sie die Augen. Stellen Sie sich vor, Sie wären die Sonne und schwebten durchs All. Sie sind stark, energiegeladen, Wärme durchströmt Ihren Körper. Um Sie herum kreisen viele Planeten. Jeder Planet ist ein Mensch, der momentan in Ihrem Leben eine Rolle spielt. Gerne geben Sie etwas von Ihrer Energie ab, helfen, wo Sie helfen können. Aber immer bleiben Sie unverrückbar Sie selbst, lassen sich nicht vereinnahmen oder gar von der miesen Laune der anderen anstecken.

In guter Gesellschaft

Schalten Sie auf Durchzug, wenn Ihr Kollege Ihnen zum hundertsten Male die miserable Lage unserer Nation und der Welt als Ganzes erklärt! Wenn Sie das Gejammer Ihrer Nachbarin über ihre verpassten Chancen nicht mehr hören können. Bewegen Sie sich dagegen in Gesellschaft von Menschen, die noch an das Gute glauben, die nach kreativen Lösungen in scheinbar aussichtslosen Lagen suchen und die sich auch durch persönliche Rückschläge nicht dauerhaft aus der Bahn werfen lassen.

Gesellschaft

Das ist mein Weg

Jeder hat seine ganz persönliche Definition von Glück. Wenn der Nachbar ob seines schicken neuen Cabrios über beide Ohren strahlt oder die Freundin beim Gedanken an den letzten Südsee-Urlaub glänzende Augen bekommt, muss das noch lange nicht das Rezept auch für Ihre Glückseligkeit sein. Versuchen Sie herauszufinden, was Ihnen persönlich wichtig ist, statt anderen Glücksrittern blindlings nachzueifern.

Sich mit Schönem umgeben

Wenn wir auch nicht alles ändern können, was nicht in unserem Sinne ist: Zumindest unser persönliches Umfeld können wir so gestalten, dass wir uns darin wohl fühlen. Farben, Blumen, kleine gemütliche Rückzugsinseln, ein schön gedeckter Tisch, Bilder – jeder weiß am besten, was seiner Seele gut tut. Oder man freut sich an der Schönheit der Natur: bei einem Waldspaziergang, im botanischen Garten, am nahe gelegenen Fluss ...

Ein Engel an meiner Seite

In der Entwicklungsphase eines Kindes gibt es eine Zeit, in der es einen imaginären Wegbegleiter hat. Jemand, der in der Fantasie immer da ist, mit dem es sprechen kann. Ganz ähnlich ist es mit dem Glauben an einen persönlichen Schutzengel. Auch wenn ich ihn nicht sehe: Hinter mir ist eine Kraft, die mich hält und die mich stärker macht, als ich zu sein glaube. Und manchmal entpuppt sich auch ein realer Mensch als unser „Engel". Es tut gut, sich helfen zu lassen.

Das höchste der Gefühle

„Enthusiasmus ist das schönste Wort der Erde", hat Christian Morgenstern einmal geschrieben. Diesen Spruch sollte man auf einen mindestens DIN-A3 großen Bogen schreiben und gut sichtbar an die Wand pinnen! Sich mit Begeisterung einer Sache hingeben, ganz in etwas aufgehen – das ist Glück pur.
Wofür können Sie sich begeistern?

Begeisterung

Darf es etwas mehr sein?

„Jeder hat ein Recht darauf, glücklich zu sein.“ Dieser Satz klingt banal, doch in Wirklichkeit gestehen sich viele Menschen ihren Anteil am Glück nicht zu. „Das Leben ist kein Wunschkonzert“, reden sie sich ein, „Glück haben immer nur die anderen.“ – Drehen Sie den Spieß einmal um: Das Traumschloss ist wahrscheinlich tatsächlich unerreichbar, aber ob Sie gute oder schlechte Gedanken hegen, gut zu Ihrem Körper sind, sich an den schönen Dingen des Lebens – trotz allem – freuen, das hat allein etwas mit Ihrem Entschluss zu tun, sich ein dickes Stück vom Glück zu gönnen. Darf es auch etwas mehr sein?

Gut zu sich selbst sein

Je größer die Anforderungen, die an uns gestellt werden, desto mehr tendieren wir dazu, uns selbst zu vernachlässigen. Dabei hätte unsere Seele gerade in stressigen Zeiten etwas mehr Zuwendung verdient. Nehmen Sie sich vor, mindestens einmal am Tag nur an sich zu denken und etwas zu tun, was Ihnen gut tut. Sei es ein gutes Essen, eine Massage, ein Saunabesuch oder das Telefonat mit der besten Freundin ...

Weniger ist mehr

Das gilt für nahezu alle Bereiche des Lebens: statt All-you-can-eat-Mentalität ein Essen mit wenigen, aber sorgfältig ausgewählten Zutaten. Statt Regalen voller Krimskrams einige wenige, aber wirklich exquisite Stücke.

Statt Freizeitstress sich auf die Dinge konzentrieren, die einem am wichtigsten sind. Und einmal im Jahr ist Entrümpelungstag: Da trenne ich mich von allen Dingen, die ich nicht wirklich zu meinem Glück brauche. Und auf einmal ist wieder Platz für mich und meine Lieben, die Seele atmet auf.

Die zwei Seiten einer Medaille

Kleine Trainingseinheit in Sachen „positives Denken“: Versuchen Sie, wann immer in Ihrem Leben etwas nicht so läuft, wie Sie es sich wünschen, der Sache eine positive Seite abzugewinnen. Wenn mir etwas misslingt: Was kann ich aus dem Fehler lernen, was besser machen? Wenn der Urlaub verregnet ist: Welches Buch wollte ich schon immer lesen, welches Hobby erlernen? Wenn der Partner verärgert ist: Welche unerfüllten Wünsche stecken hinter dem Ärger und wie kann ich ihm dabei helfen?

zwei Seiten

Im Zweifel für den Angeklagten

„Vorsicht ist die Mutter der Porzellankiste“, sagt sich so manch einer und verbraucht einen Großteil seiner Energie darauf, herauszufinden, wer ihm gerade nichts Gutes will und hinter seinem Rücken schlecht über ihn reden könnte. Und in einem nächsten Schritt geht man von vornherein, sozusagen vorbeugend, davon aus, dass andere einen nur in die Pfanne hauen wollen. Schade nur um die vielen Menschen, denen man damit Unrecht tut, und um die beglückenden Begegnungen, die einem so entgehen.

Misstrauen

Sich interessieren

„Interesse“ kommt vom lateinischen Verb „interesse“, was so viel heißt wie „teilnehmen“, „mittendrin sein“. Sich wirklich für etwas zu interessieren bedeutet, den Dingen auf den Grund zu gehen. Sich in etwas zu vertiefen. Teilzunehmen an dem, was um uns herum geschieht. An den Menschen, der Politik, der Umwelt. Anteilnahme macht glücklich.

Willkommen zur Oscar-Verleihung!

Wer ist der glückliche Preisträger? Sie! Vorab eine kleine Schreibübung: Versuchen Sie zehn Dinge zu notieren, die Sie richtig gut an sich finden. Fällt Ihnen das schwer? Oder könnten Sie locker noch zehn weitere Punkte aufführen? Jeder Mensch hat eine Menge Qualitäten, für die er sich ruhig mal auf die Schulter klopfen darf und die ihn innerlich strahlen lassen sollten.

Einfach mal nichts tun

Der heutige Tag gehört meinem inneren Schweinehund! Der hat es sich zusammen mit seinem Herrchen auf dem Sofa bequem gemacht. Eine Bannmeile um das Sofa sorgt dafür, dass mein schlechtes Gewissen nicht die geringste Chance bekommt, sich unserem gemütlichen Nest zu nähern. Mein Schweinehund braucht solche Momente, in denen ich nach seiner Nase tanze. Dafür lässt er mich die übrige Zeit in Ruhe und ich darf – gut erholt – ungebremst meinen vielen Interessen und Verpflichtungen nachgehen.

nichts tun

Ja und?

„Ist der Ruf erst ruiniert, lebt sich's weiter ungeniert." – ganz so drastisch wollen wir die folgende Glücksregel nicht formulieren, aber vielleicht können wir etwas von diesem Wilhelm-Busch-Zitat lernen. Zum Beispiel: Es muss nicht immer alles perfekt sein. Weder meine beruflichen Leistungen noch mein Haushalt, meine Figur, ich in meiner Rolle als Freund(in), als Liebhaber(in), als Kind oder Elternteil etc. Und das Beste daran: So geht es mir keinen Deut schlechter – im Gegenteil!

Ja und?

Denn das Glück liegt oft so nah ...

Was für ein Glück, im Frühjahr der Natur beim Wachsen zuzusehen. In Friedenszeiten leben zu dürfen. Am Badesee die warmen Sonnenstrahlen auf der Haut zu spüren. Dir begegnet zu sein. In einen knackigen roten Apfel aus neuer Ernte zu beißen. Sich nicht um das tägliche Brot sorgen zu müssen. Nach einem langen Winterspaziergang eine Tasse heißen, dampfenden Tee in den Händen zu halten. Was für ein Glück zu leben ...

Der tägliche Balance-Akt

In der einen Waagschale liegt unser Bestreben, glücklich zu sein, liegen unsere Wünsche, unsere Bedürfnisse. Die andere Seite wird beschwert durch Pflichten, äußere Umstände. Selten lässt sich das Leben so gestalten, dass wir in jeder Hinsicht glücklich sind. Doch wir sollten immer darauf achten, dass sich Glück und Pflicht die Waage halten. Dass die negative Seite durch positive Erlebnisse – zumindest ansatzweise – ausgeglichen wird.

Jeder Tag ein guter Gedanke

Wir haben es selbst in der Hand, in welche Richtung sich unsere Gedanken bewegen. Wir können Schwarzmalerei betreiben, wir können aber auch warme, freundliche Farben in unser Leben bringen. Lassen Sie sich inspirieren von den guten Gedanken kluger Menschen, von Philosophen, Dichtern, Sinnsuchern. Vertiefen Sie sich in die spirituellen Traditionen unserer Kultur. Solche Vitamine für die Seele hinterlassen garantiert ihre Spuren und verändern dauerhaft unsere Denkgewohnheiten.

Gedanke

Erinnerungs-Buttons

„Ja, ja, ich weiß. Diese ganzen Glücksregeln sind wunderbar, aber kaum hat mich der Alltag wieder, sind alle guten Vorsätze passé. Aus den Augen, aus dem Sinn!" – da hilft nur eins: Besorgen Sie sich fünf rote Aufkleber. Diese roten Aufkleber symbolisieren jenen Herzenswunsch, den Sie zuerst verwirklichen möchten. Und dann kleben Sie die fünf roten Punkte an Stellen auf, wo Sie sie täglich sehen (z. B. Spiegel, Computer, Kühlschrank). Damit Sie Ihren Herzenswunsch nie wieder aus den Augen verlieren!

Glückssachen

Glück kann man nicht kaufen, es sind oft die einfachen, aber schönen Dinge, die uns beglücken. Und es sind die Menschen, die uns nahe stehen. Es gibt das große Glück, das überschwängliche Glück, das stille Glück, das Glück im Unglück, den glücklichen Moment, die Glückssträhne – Glück hat viele Gesichter und nicht jeder erkennt es sofort, wenn es vor ihm steht. Ich wünsche Ihnen einen wachen, offenen Geist und empfangsbereite Antennen für viele wunderbare Momente in Ihrem Leben.

Bibliografische Information Der Deutschen Bibliothek
Die Deutsche Bibliothek verzeichnet diese Publikation in der Deutschen Nationalbibliografie; detaillierte bibliografische Daten sind im Internet über http://dnb.ddb.de abrufbar.

Gesamtgestaltung: Atelier Lehmacher, Friedberg (Bay.), www.lehmacher.de
Illustrationen: Yo Rühmer
Lektorat: Bettina Gratzki, Corinna Vierkant, Pattloch Verlag
Printed in China

12 11 10

ISBN: 978-3-629-10185-3

www.pattloch.de